Sous le ciel de Marseille

Nicolas Sconza

Sous le ciel de Marseille

Ernst Klett Sprachen
Stuttgart

Nicolas Sconza
Sous le ciel de Marseille

1. Auflage   1 $^{10\ 9\ 8\ 7\ 6}$ | 2021 20 19 18 17

Alle Drucke dieser Auflage sind unverändert und können im Unterricht nebeneinander verwendet werden.

Internetadresse: www.klett-sprachen.de

Redaktion: Anne-Sophie Guirlet-Klotz
Layoutkonzeption: Elmar Feuerbach
Gestaltung und Satz: Swabianmedia, Stuttgart
Umschlaggestaltung: Elmar Feuerbach
Titelfoto: Corbis (Aldo Pavan / Grand Tour), Düsseldorf
Druck und Bindung: Medienhaus Plump GmbH, Rheinbreitbach

Printed in Germany

ISBN 978-3-12-591424-7

Table des matières

Préface

Chères lectrices, chers lecteurs,

Le livre que vous avez en mains fait partie d'une collection qui va vous permettre de

- vous divertir grâce à la lecture d'une histoire policière. Laissez-vous prendre par le suspense et le récit !
- découvrir le petit morceau de France qu'est la ville de Marseille. Partez en voyage dans une région peut-être encore inconnue !
- perfectionner votre maîtrise du français tant à l'écrit (grâce à cette lecture) qu'à l'oral (à l'aide du fichier audio. Vous trouverez le code d'accès en dernière page). Laissez-vous bercer par la musique des mots !

Comment vous divertir à la lecture d'un texte destiné à faire étudier le français langue étrangère ?
Chaque lecteur étant différent, nous ne sommes pas en mesure de vous donner la recette idéale pour entrer dans le récit. En revanche, nous pouvons vous offrir quelques conseils qui devraient vous être d'une grande aide.

- N'ouvrez pas votre dictionnaire, surtout n'essayez pas de traduire chaque mot. Faites appel à vos connaissances de votre langue maternelle ou d'une autre langue.
- Essayez de comprendre de quoi il est question en vous aidant du contexte et de ce que vous avez compris dans les chapitres précédents. Vos connaissances de la langue française sont certainement suffisantes pour vous permettre de comprendre l'essentiel. Et puis, les mots posant réellement un problème sont annotés en bas de page.

- Essayez de visualiser ce que vous lisez. Un livre, ce n'est pas une suite de mots imprimés. Entrez dans la lecture, le livre vous raconte un moment de la vie des personnages, dans un lieu bien particulier. Imaginez-vous ces personnages, représentez-vous leur façon d'être, le cadre dans lequel ils évoluent. En bref, faites preuve d'imagination ! Et si celle-ci venait à vous manquer, prenez quelques minutes pour regarder les photos de Marseille. Elles vous aideront à ressentir l'atmosphère dans laquelle se déroule l'histoire.

Et puis, pourquoi des activités en fin de livre ?

– Les activités vont vous permettre de vérifier que vous avez bien compris l'histoire.
– Si vous le désirez, vous pouvez aller au-delà de l'exercice : Travaillez à plusieurs, essayez d'écrire une histoire du même genre, allez sur Internet et faites des recherches sur la région. Trouvez une autre fin à l'histoire.
– Finalement, si vous n'arrivez toujours pas à voir ces activités comme un jeu, dites-vous qu'elles vous aideront à analyser, interpréter ou commenter un texte.

Considérez votre livre comme un ami qui vous accompagne un petit moment et qui vous aide à développer votre esprit critique ! Partez à sa découverte !

Et maintenant, assez parlé. Place à la lecture !

Vue de Marseille

1 La famille Baccolini vit dans une cité marseillaise située dans les quartiers nord, sur les hauteurs. De là-haut, on peut voir les toits de la ville, le port autonome et la mer Méditerranée qui change de couleurs selon les caprices du ciel et du mistral. Mar-

5 seille est un port et ses habitants ont des cultures aussi différentes que les couleurs d'un arc-en-ciel.

Éric Baccolini aime aller s'y promener et admirer le paysage après les cours. Il vient de réussir un bac S. Il est en première année de biologie à l'université Saint-Charles. Son père, l'inspecteur

10 Christian Baccolini, est très fier de lui et voudrait qu'il travaille dans la police mais Éric, lui, a d'autres ambitions. Ici, dans la cité, on n'aime pas beaucoup les flics. Beaucoup de jeunes ont déjà eu des problèmes avec les keufs, comme ils disent, et il n'est pas rare que

---

■ *Den QR-Code für den Hörtext findet ihr auf der letzten Seite.*
1 une cité *ici :* un ensemble d'habitations à loyer modéré (HLM)/pas chères – **2 les °hauteurs** *fpl* → en haut – **4 selon** nach – **4 les caprices** *mpl ici :* les envies – **4 le ciel** ≠ la terre – **4 le mistral** nom du vent fort, sec et froid – **7 admirer** regarder avec plaisir – **7 un paysage** Landschaft – **8 un bac S** *Abk* un baccalauréat scientifique (→ les sciences *fpl*) – **10 fier, fière** content de – **12 un flic** *fam* un policier – **13 un keuf** *verlan fam* un flic, un policier – **13 il n'est pas rare que** + *Subj* souvent

goûter kennen lernen, souvenir Serinnung menacer drohen prêter Anlaß geben

quelques-uns aient même goûté à la prison. Pourtant le père d'Éric
a toujours été discret, il n'a jamais roulé en voiture de police dans
la cité. Éric se souvient que des garçons un peu plus vieux que lui
l'ont déjà menacé mais il n'y a jamais prêté attention. Et puis, avec

5 les années, les jeunes ont fini par l'ignorer, lui et sa famille, comme
s'ils n'existaient pas. C'est à peine s'ils lui disent bonjour. Pas facile
d'avoir un père condé. Mais à présent, ça lui est bien égal ce que les
autres pensent de lui, même s'il a souffert de leur regard.

À la fac, Éric a beaucoup de potes, mais dans la cité des Mûriers

10 il n'a qu'un seul ami, Sofiane. Son ami d'enfance a toujours pris sa
défense. D'origine maghrébine, il est plus grand que lui et très min-
ce. Ses cheveux sont noirs comme les plumes d'un corbeau, sa peau
bronzée et ses yeux verts comme l'eau des tropiques. Le père de
Sofiane est mort quand il avait douze ans. Sa mère travaille comme

15 femme de ménage pour payer le loyer et élever ses fils. Comme Sofiane l'a toujours aidée, il n'a jamais eu trop le temps de fréquenter les autres jeunes. Mais ceux-ci le respectent car il a les mêmes
origines qu'eux. Après le collège, Sofiane a quitté l'école pour faire des petits boulots. Depuis quelques temps, il travaille dans un

20 supermarché. Éric va souvent chez lui pour jouer aux jeux vidéo.
Là-bas, il a l'impression d'être en Algérie, le pays d'où vient la mère
de Sofiane. Elle parle souvent en arabe avec son fils. Elle aime bien
Éric et le reçoit toujours comme un prince. Elle lui demande comment vont ses parents, lui répond toujours *inch Allah* et lui offre

25 des gâteaux arabes qu'elle fait elle-même avec du thé à la menthe.
Souvent, elle insiste pour qu'il en rapporte à la maison, pour ses parents. De temps en temps, elle invite même Éric à manger le couscous. Un délice !

Depuis deux ans, Sofiane a une copine, Marina, une fille un peu

30 plus âgée aux cheveux châtain longs bouclés. Elle habite la cité
d'à côté, les Cerisiers. Comme la famille d'Éric, elle est d'origine
italienne. Au début de leur relation, Éric était un peu jaloux car il
voyait son ami moins souvent ou il le voyait avec elle. Ce n'était pas

---

4 **menacer** → une menace – 7 **un condé** *arg* un policier – 8 **souffrir** *ici :* avoir honte – 10 **une enfance**
→ un enfant – 11 **un maghrébin, maghrébine** → Maghreb (nordafrikanisch) – 12 **une plume** Feder –
13 **bronzé, bronzée** → marron – 15 **une femme de ménage** Putzfrau – 15 **un loyer** Miete – 15 **élever**
erziehen – 16 **fréquenter** être copain avec – 21 **une impression** Eindruck – 24 **inch Allah** Si Dieu le
veut – 25 **de la menthe** Minze – 30 **châtain** brun – 30 **bouclé, bouclée** gelockt

boulot rapporter insister

pareil. Mais avec le temps, il a appris à la connaître. Le père de Marina a quitté sa mère quand elle était encore une enfant et c'est Marina qui s'est occupée de ses plus jeunes frères quand sa mère travaillait. Ludovic, l'un d'entre eux, a commencé à sortir avec les
5 autres jeunes de la cité. Il a pris de la drogue et a eu des problèmes avec la police à cause du cannabis. Au début parce qu'il en fumait, après parce qu'il en <u>revendait</u> pour un dealer. Marina a tout fait pour protéger son frère. Mais ça n'a servi à rien. L'année dernière, il a été arrêté par la police et condamné à deux ans de prison.

3   Aujourd'hui, après les cours, Éric se dépêche de rentrer chez lui. Pas le temps de se promener. La journée a été difficile. Surtout qu'il n'a eu qu'une heure pour manger un sandwich. Même s'il aime la biologie, il trouve que quatre heures de cours <u>en amphi</u>, c'est trop long. En plus hier, il s'est couché tard pour <u>bosser</u>. Quand il est arri-
15 vé à la fac, il ne pensait pas qu'il aurait autant de travail à la maison. Mais depuis le début de l'année, son niveau est très moyen et il faut qu'il travaille dur pour réussir ses examens. Il est cinq heures mais il fait encore jour et très chaud pour un mois d'octobre. Pour prendre le métro à la station Réformés, il descend l'avenue Gambetta
20 jusqu'à la Canebière, prend à gauche jusqu'au square Stalingrad. Il passe devant des snacks où il voit tourner derrière les vitres des colonnes de viande grillée. Une agréable odeur de chawarma imprègne l'air. Il regarde les vitrines des magasins avec un sourire au coin

des lèvres. Il sait
25 que son père a
réserve sa soirée
pour son anni-
versaire. Dix-huit
ans, ça se fête ! Il
30 faut dire qu'avec
son métier, Éric
ne le voit pas
beaucoup. C'est

Le square Stalingrad

tout juste s'il le croise le week-end, enfin quand il ne travaille pas.

---

1 **pareil** la même chose – 8 **ça n'a servi à rien** ≠ utile – 9 **condamné, condamnée** verurteilt –
15 **autant de** tant de – 21 **les vitres** *fpl* une fenêtre – 22 **une odeur** un parfum – 23 **les vitrines** *fpl*
Schaufenster – 24 **les lèvres** *fpl* une partie de la bouche – 34 **croiser** *ici :* voir

besser schaften

deviner erraten

2 En ouvrant la porte, Éric entend des bruits de vaisselle et de couverts. Il devine que sa mère est en train de mettre la table et que le dîner est déjà prêt. Comme d'habitude en rentrant, il pose ses affaires sur le canapé et embrasse sa mère. Ce soir, elle
5 porte une robe bleue avec des nénuphars roses. Depuis quelques années, elle se passionne pour le style oriental. Elle s'habille et se maquille les yeux à la chinoise. Ça lui va bien. Éric remarque aussi qu'elle est allée chez le coiffeur.
   – Salut, m'man ! Jolie coupe de cheveux, ça te va bien !
10 – Bonsoir, chéri. C'est vrai, ça te plaît ?
   – Oui, ça change. Papa n'est pas encore arrivé ?
   – Non, mais il va bientôt rentrer. Il m'a dit qu'il arriverait à huit heures. Ta journée, ça a été ?
   – Ouais, pas mal de cours, un peu stressant. Qu'est-ce qu'on
15   mange ?
   – J'ai fait du lapin à la moutarde, ton plat préféré.
   – Chouette. Y aura un gâteau quand même ? J'imagine qu'on ne va pas mettre les bougies sur le lapin...
   – D'après toi, petit malin. Tu ne sens pas l'odeur ? J'ai fait un gâ-
20   teau au chocolat. On va se régaler.
   – Mmh... j'ai trop faim.

Éric entend déjà des pas dans l'entrée. Il reconnaît ceux de son père, le bruit de ses chaussures qui montent les escaliers. Quand il y a du courrier dans la boîte aux lettres, ses pas sont plus lents car il ouvre
25 les enveloppes en même temps qu'il monte. La façon énergique qu'il a de tourner la clé dans la porte le fait toujours sursauter.
   – Salut, p'pa !   *Eus, zuchen*
   – Joyeux anniversaire fiston, ça va ?
   – Ouais, et toi ?
30 – Ça va.

---

1 **la vaisselle** Geschirr – 2 **les couverts** *mpl* Besteck – 3 **une habitude** → habituer – 4 **un canapé** un sofa – 5 **les nénuphars** *mpl* Seerose – 6 **passionner** adorer – 19 **un petit malin** *fam* Schlaukopf – 20 **se régaler** schlemmen – 24 **lent, lente** ≠ rapide – 25 **une enveloppe** une pochette en papier pour envoyer une lettre, une carte… – 26 **sursauter** « sauter » de surprise – 28 **un fiston** *fam* un fils

Éric voit que son père semble préoccupé. Mais il sait aussi qu'il ne sert à rien de lui poser des questions sur sa journée parce qu'il refuse de parler de son travail de policier, même à sa femme. C'est la règle à la maison. Son père doit en voir de toutes les couleurs. Il se
5 souvient l'avoir déjà entendu dire sur un ton un peu énervé « Le seul moment où je me détends, c'est à la maison. Je vais pas commencer à parler du boulot ! ». Éric sait que ce n'est pas la seule raison de son silence mais qu'il désire surtout protéger sa famille.

Après le lapin, vient le moment du gâteau. Éric souffle ses deux
10 bougies, une pour le un, l'autre pour le huit. Il est heureux. Si seulement ça pouvait être tous les jours son anniversaire, ce serait bien. C'est si rare que son père rentre tôt et qu'il puisse dîner avec ses deux parents.

– Tiens, c'est pour toi !
15 – Merci, p'pa.
Il lui tend une fine enveloppe recouverte de papier cadeau.
– Et ça aussi, c'est pour toi !
– Merci, m'man.

Elle lui donne un paquet un peu mou. Éric imagine que c'est un
20 vêtement. Sa mère lui offre presque toujours des vêtements, non seulement pour son anniversaire, mais aussi pour Noël. Il ouvre le papier cadeau et découvre un t-shirt avec un motif doré au milieu.
– Alors, ça te plaît ?
– Oui, il est joli. Merci, m'man ! répond Éric en souriant.

25 Éric fait la bise à sa mère. Le t-shirt n'est pas trop à son goût, il n'est pas très fan de ce genre de motifs, mais il le portera quand il n'ira pas à la fac – pour lui faire plaisir.

Il ouvre le cadeau de son père, il se demande ce que ça peut bien être. Sans doute une place de concert. Son père connaît quelques-
30 uns de ses groupes de musique préférés. Mais en retirant le carton de l'enveloppe, il n'en croit pas ses yeux. Il lit en grosses lettres :

---

1 **préoccupé** inquiet – 2 **refuser** ne pas vouloir – 6 **se détendre** sich entspannen – 16 **tendre** donner –
19 **mou, molle** ≠ dur – 22 **doré** → or – 29 **sans doute** sûrement – 30 **retirer** enlever

STAND DE TIR

FORFAIT 20 H

    – Alors, fiston ? T'es presqu'un homme maintenant. C'est un cadeau pour un homme, un vrai. Ça te plaît ?

5 – Je sais pas. À quoi ça peut me servir d'apprendre à utiliser une arme ? Je veux pas être policier.

    – Peuchère, arrête de l'embêter avec ça. Tu crois pas qu'il est un peu jeune pour ça ? Il pourrait se blesser, c'est dangereux ! intervient sa mère.

10 – Mais non, il a dix-huit ans, il est majeur. Et il ne sera pas seul là-bas, un professionnel lui expliquera comment s'en servir. C'est une activité pour les hommes courageux. Tu sais, on ne sait jamais, il peut toujours changer d'avis après ce stage de tir. Moi, je n'étais pas beaucoup plus vieux quand j'ai appris à tirer. Et j'ai

15 tout de suite su que je serai policier. La police recrute beaucoup de jeunes. Et dans les autres branches, il n'y a pas beaucoup de perspectives d'emploi. C'est une place sûre avec un bon salaire. Et Éric peut évoluer, comme moi. Il y a de grands scientifiques dans la police.

20 – Un homme doit forcément avoir une arme pour prouver qu'il en est un ? répond la mère.

    – Je ne dis pas ça, chérie. Je dis juste que ça peut toujours servir de savoir utiliser une arme.

    – Oui, quand on est policier, dit la mère en faisant un clin d'œil à

25 son fils.

    – Qui sait, peut-être que ça lui plaira.

    – Merci, p'pa.

En embrassant son père pour le remercier, Éric se sent triste. Même s'il ne veut pas le décevoir, il sait au fond de lui que ce n'est pas son

30 monde et qu'il a d'autres rêves dans la vie que de devenir policier ou scientifique dans la police.

---

1 un stand de tir Schießplatz – **2 un forfait** *ici :* Gutschein – **6 une arme** Waffe – **7 peuchère** *régionalisme* le pauvre – **7 embêter qn** *fam* frotzeln – **8 intervenir** dire – **10 majeur, majeure** avoir plus de dix huit ans – **12 courageux, courageuse** → le courage – **17 un salaire** Lohn – **18 évoluer** faire carrière – **20 forcément** vraiment – **20 prouver** montrer – **24 un clin d'œil** Blinzeln – **29 décevoir** faire que qn est triste = enttäuschen

13

Le Vallon des Auffes

3 Sofiane et Marina ont rendez-vous au Vallon des Auffes, un ancien port de pêche près de la Corniche. Depuis deux ans, c'est leur lieu de rendez-vous préféré, loin de la cité, au bord de l'eau. C'est un petit port avec des maisons autour qui ressemble
5 à un village en plein Marseille. Il est sept heures du soir et le soleil commence à se coucher, donnant aux nuages une couleur rouge feu. Sofiane arrive le premier. Il gare sa voiture sur l'avenue de la Corniche du Président Kennedy et descend les escaliers vers le petit port. Il regarde le ciel, il est heureux de pouvoir bientôt partager ce
10 moment avec sa copine. Quand il est ici, il réussit à rêver et à se projeter dans l'avenir. Dans la cité, les hauts immeubles sombres paralysent son imagination. Même si la vue est belle, il n'y voit que des

2 **ancien, ancienne** vieux – 4 **autour** herum – 4 **ressembler** être comme – 7 **garer** parken –
9 **partager** *ici* : passer – 11 **un immeuble** une maison avec plusieurs étages – 11 **sombre** ≠ clair

jeunes qui s'ennuient, se battent ou prennent de la drogue. Mais depuis quelques mois, il a du mal à voir cet avenir, même ici, dans l'un des plus beaux endroits de Marseille. Il voit Marina seulement trois fois par semaine. Et après deux ans de relation, sa mère refuse toujours de le rencontrer. Il voudrait que la situation change. Ses sentiments pour Marina sont très forts mais il a besoin de la voir plus souvent, de dormir avec elle, comme un vrai couple. Il lui en a déjà parlé mais ça n'a rien changé.

Pendant qu'il regarde la mer, il entend le bruit des talons de Marina sur le grand escalier. Il se retourne et sourit en la voyant descendre les marches, les yeux baissés, ses cheveux bouclés ramenés sur son visage. Arrivée en bas, elle le voit et sourit à son tour. Il la prend dans ses bras et l'embrasse tendrement. Sa main dans la sienne, il la conduit jusqu'au port avant de s'asseoir à ses côtés pour contempler le ciel flamboyant.

– Ça fait longtemps que t'es là ? lui demande-t-elle en lui caressant le bras.

– Non, je viens d'arriver. Regarde comme le ciel est beau.

– Oui, il est là rien que pour nous, un coucher de soleil romantique.

– Tu sais, toute la journée, j'ai pensé à toi et à notre rendez-vous de ce soir.

– Moi aussi, j'étais impatiente de te voir. Tu m'as manqué.

– Je voudrais qu'on se voie plus souvent.

– Oui, j'aimerais aussi, mais tu sais que je dois m'occuper de mes frères quand maman travaille et avec mes études, c'est pas facile de trouver du temps.

– Oui, je sais. Moi aussi, j'ai des frères et je travaille mais je peux trouver plus de temps pour te voir. Je voudrais que tu penses un peu plus à nous. Tout serait plus simple si je pouvais venir chez toi et si on pouvait passer une nuit ensemble de temps en temps.

– Tu connais la situation. Maman ne veut pas te voir et elle refuse que je dorme chez toi. Je pense qu'elle a peur que j'abandonne mes études, que je la quitte et que j'habite un jour avec toi.

---

1 **s'ennuyer** → ennuyeux – 9 **un talon** Absatz – 11 **baisser** ≠ lever – 11 **bouclé, bouclée** lockig – 15 **contempler** regarder avec plaisir – 34 **abandonner** laisser

– Mais, toi aussi, tu as le droit d'avoir ta vie. Tu es majeure. Et après deux ans, je ne comprends pas qu'elle n'ait pas changé d'avis. Elle sait pourtant qu'on est ensemble. Deux ans ce n'est pas rien. Comment je dois le prendre, moi ?

5 – Ne crie pas comme ça, les gens vont nous entendre.

– Je m'en fous. J'en ai assez de cette situation, je veux qu'on soit un vrai couple ! Pourquoi ne pas habiter ensemble dans quelques mois ? Avec mon travail au supermarché, on aurait assez d'argent et tu pourrais finir tes études. Je te demande pas la lune quand

10 même.

– Mes frères sont encore un peu jeunes. Comment fera maman sans moi ? Ludovic est en prison à cause d'un dealer qui se promène encore tranquillement dans le quartier. Je ne peux pas laisser mes frères seuls. Qui sait ce qui pourrait se passer si j'étais plus

15 là. Ils pourraient faire les mêmes erreurs que Ludovic. Quand la police l'arrêtera, ce sera différent.

– Arrête avec ce dealer. À cause de lui, tu ne vis plus, tu ne penses plus qu'à lui et tu te fais beaucoup trop de soucis pour tes frères. Tu n'es pas leur mère. Ils ont douze et treize ans, ce ne sont plus

20 des bébés.

– Facile à dire. Ludovic était presque majeur et tu vois ce qu'il a fait. Je lui avais dit de se méfier de ce type. Ça n'a servi à rien. Je dois faire quoi, moi ? Attendre qu'il vienne voir mes frères et leur propose de la drogue ? Je ne veux pas prendre ce risque. Une fois,

25 il a voulu leur parler quand ils rentraient du collège. Heureusement que j'étais là et que je leur ai dit de monter. Depuis, je dois aller les chercher à la sortie des cours. Il faut que quelqu'un fasse quelque chose pour arrêter ça. Laisse-moi un peu de temps et tout rentrera dans l'ordre.

30 – Qu'est-ce que t'en sais ? Ça peut durer encore des années. Cette histoire de dealer devient une vraie obsession.

– Ça ne durera pas des années, ne t'inquiète pas.

– Si, je m'inquiète justement. Et ta mère qui ne veut pas faire ma connaissance.

35 – Qu'est-ce que tu veux que j'y fasse ? J'ai souvent essayé de lui

---

9 demander la lune etw unmögliches verlangen – **15 une erreur** *ici :* une bêtise – **18 se faire du souci** être inquiet – **22 se méfier de qn** faire attention

parler mais elle dit que je dois penser à mes études et change de sujet.

– C'est bête. Moi aussi, je pourrais l'aider, si seulement elle m'acceptait. Tes frères n'ont plus de père. Ils ont peut-être besoin d'un homme qui leur montre l'exemple.

– Écoute, je vais lui en reparler, ce soir. C'est promis.

La Canebière, Le Vieux-Port

4 Éric sort de l'université. C'est la fin des cours et il décide de se promener pour profiter encore un peu du soleil. Aujourd'hui, il ne prend pas le tram. Il descend la Canebière jusqu'au Vieux-Port. Il passe devant les snacks, les magasins de
5 vêtements et de chaussures. Beaucoup de voitures et de bruits de klaxons. Il fait chaud. Une chaleur sèche et agréable grâce au souffle irrégulier du vent. Il décide de passer par le marché de Noailles dans les petites rues. Il sent cette odeur de nourriture et de tissu qu'il connaît bien. Arrivé en bas de la Canebière, il prend à gauche
10 et passe devant les cafés en face du port. Il sent l'odeur salée de la

6 **un klaxon** Hupe – 8 **la nourriture** Nahrung – 8 **un tissu** Stoff – 10 **salé, salée** → le sel

18

mer et celle de l'huile de moteur des bateaux qui donne à l'eau des tons arc-en-ciel. Il aperçoit les barques, rangées les unes à côté des autres, de toutes les tailles et de toutes les formes. Des petites à moteur, des voiliers avec ou sans cabine. Au large, les <u>hublots</u> des pa-
5 quebots brillent au soleil et donnent à la côte un air de vacances.

Il décide de marcher le long du port sur le Quai de Rive Neuve

et de prendre l'une des petites rues sur sa gauche pour atteindre le Cours
10 Honoré d'Estienne D'Orves et la place Thiars, l'une de ses places préférées à Marseille. Il aime marcher là, sentir le parfum de la
15 bouillabaisse, l'un de ses plats favoris, qui émane des cuisines de <u>restos</u>.

Pendant qu'il se promène en rêvant de <u>poissons</u> dans une soupe, il observe les gens assis sur les terrasses de cafés. Dans la rue Breteuil, il entend une voix qui crie son nom. Il se retourne et voit So-
20 fiane. L'air soucieux. *Sorgenvoll*

– Salut, rêveur. Je suis content de te trouver là. Je me suis dit que tu viendrais peut-être te promener par ici après les cours.
– Tu me cherchais ?
– Ouais. Monte, je te raconterai en route.
25 Intrigué, Éric monte dans la voiture de son ami.
– Qu'est-ce qui se passe ?
– Marina n'est pas venu au Vallon des Auffes hier soir. Ça ne lui ressemble pas. Je ne sais pas quoi faire. Je me fais du souci.
– Elle n'est pas venue ?
30 – Non. Et quand j'appelle sur son portable, ça sonne mais pas de réponse. En deux ans, elle n'a jamais manqué un seul rendez-vous. On se voit si peu.
– Et sa mère ? Il faudrait peut-être lui demander.
– Je sais pas, elle ne veut toujours pas me voir. Marina devait lui

---

1 **l'huile** *f* Öl – 4 **un voilier** → une voile – 4 **au large** loin – 4 **un hublot** Bullauge – 4 **un paquebot** un gros bateau – 5 **briller** schimmern – 9 **atteindre** arriver à – 16 **favori, favorie** préféré – 16 **émaner** sortir de – 20 **soucieux, soucieuse** inquiet – 21 **un rêveur** → un rêve – 25 **intrigué, intriguée** curieux

parler de moi, il y a trois jours après notre rendez-vous. Peut-être
que ça ne s'est pas bien passé.

– Attends, tu n'en sais encore rien. Mais c'est bizarre qu'elle ne soit
pas venue hier soir et qu'elle ne réponde pas quand tu l'appelles
5 sur son portable. Pour te rassurer, tu devrais aller chez elle. Et
puis, il faudra bien que sa mère te voie un jour.

– Oui, t'as raison. J'irai chez elle dans la soirée. Ça m'a fait du bien
de te parler, mon frère. Alors, on va où maintenant ?

Éric aime quand Sofiane lui pose cette question. Dans sa voiture, il
10 sent le goût de l'aventure monter en lui. C'est toujours lui qui décide de la destination.

– Et si on allait boire un coup au Cours Julien ?
– T'es devenu bobo depuis que t'es à l'université, dis-moi.
– Tu verras, c'est vachement bien. Le quartier est bobo mais il y a
15 des cafés cool là-bas.
– D'accord. Mais ça va pas être facile de trouver une place.
– On peut essayer.

10 Quinze minutes plus tard, Sofiane trouve une place dans la rue de
la Bibliothèque, derrière le conservatoire de musique, non loin du
20 Cours Julien. Éric l'emmène sur la terrasse d'un café devant une
fontaine.

– Je ne viens pas souvent ici. C'est vrai que c'est sympa.
– Tu vois. Je t'avais pas menti. Avec les potes de la fac, on vient de
temps en temps après les cours. Tu veux boire quoi ?
25 – Un pastis comme d'hab'.
– Garçon, deux pastis, s'il vous plaît.
– Tu penses vraiment que je devrais aller chez elle ?
– Oui, tu sauras ce qui se passe.
– Mais c'est étrange, elle m'aurait appelé si ça s'était mal passé.
30 – Pourquoi elle devait parler à sa mère ?
– Je lui ai dit que je voudrais la voir plus souvent et que tout serait
plus simple si sa mère acceptait enfin de me rencontrer.

---

5 **rassuré, rassurée** ≠ inquiet – 14 **vachement** *fam* très – 14 **bobo** bourgeois bohème (Schicki Micki) –
29 **étrange** bizarre

– Peut-être qu'elle lui a parlé et qu'elles se sont disputées. Peut-être que sa mère lui a pris son portable.

– Je ne sais pas mais j'en ai marre de cette situation. Et puis Marina se fait beaucoup de souci pour ses frères.

5 – C'est normal avec ce qui est arrivé à Ludovic.

– Oui, je sais. Mais ce dealer est devenu une vraie obsession.

– Elle en parle souvent ?

– Elle ne fait que ça. C'est aussi pour ça qu'elle a peur de quitter sa famille.

10 – C'est clair, faut la comprendre.

– Oui, mais on est pas vraiment un couple.

– Qu'est-ce que tu racontes ! Bien sûr que vous êtes un vrai couple. Elle est très amoureuse de toi. Si tu voyais ses yeux quand elle te regarde, ils veulent tout dire. Il faut seulement que sa mère fasse

15 ta connaissance.

– Ouais, t'as raison. Je vais aller chez elle. On n'est plus des gamins. Allez, à la tienne.

– À la tienne.

Le Cours Julien

17 **à la tienne** à ta santé (Prost)

21

5 Le soir même, Sofiane décide d'aller chez Marina et de se présenter à sa mère. Arrivé aux pieds du bâtiment D, Sofiane hésite, respire un grand coup et sonne.

– Oui ?

5 – Bonjour madame. C'est Sofiane. Je viens voir Marina.

– Sofiane ? Ça fait deux nuits que Marina n'est pas rentrée. Je suis morte d'inquiétude. Je pensais qu'elle était avec toi.

– Non, nous nous sommes vus il y a trois jours et nous avions rendez-vous hier soir. Elle n'est pas venue.

15 – Je suis très inquiète. Marina n'est jamais partie comme ça sans prévenir. Attends, je t'ouvre.

Sofiane pousse la porte et monte au 4e étage. Son cœur bat fort. Il n'a jamais vu la mère de Marina et il aurait préféré qu'elle soit avec lui pour l'occasion. Une femme d'une quarantaine d'années

20 lui ouvre la porte. Son visage ressemble beaucoup à celui de Marina avec quelques rides en plus et des cheveux raides.

– Bonjour Sofiane, entre.

C'est la première fois depuis qu'ils sont ensemble que Sofiane va chez Marina. L'appartement n'est pas très grand. Partout une odeur

25 de vieux bois et de biscuit. Dans la salle à manger, un vieux canapé en cuir, un buffet en chêne et une télévision.

– Assieds-toi. Quand est-ce que vous vous êtes vus pour la dernière fois ?

– C'était il y a trois jours.

30 – Où ?

– Au Vallon des Auffes. Il était 20 h.

– Marina est rentrée à la maison ce soir-là. Le lendemain, elle est

---

2 **un bâtiment** *ici :* un immeuble – 16 **prévenir** benachrichtigen – 17 **pousser** *ici :* ouvrir – 19 **l'occasion** *f ici :* dans ces conditions – 19 **quarantaine** → quarante – 21 **une ride** Falte – 21 **raide** glatt – 26 **un cuir** Leder – 26 **un chêne** un arbre (Eiche)

partie à l'université mais elle n'est pas revenue le soir. J'ai pensé qu'elle était avec toi pour t'annoncer la bonne nouvelle.

– Quelle bonne nouvelle ?

– Elle m'a parlé de vous et je lui ai dit que je pensais qu'il était temps de te rencontrer.

– C'est vrai ? Mais c'est étrange. Elle ne m'a pas appelé pour me le dire.

– Oui, on a parlé très tard ce soir-là. Je pense qu'elle ne voulait pas t'annoncer ça au téléphone. Elle voulait peut-être attendre de te voir pour te le dire.

– Mais elle n'est pas venue à notre rendez-vous hier soir.

– Sofiane, je suis très inquiète. Ce n'est pas dans l'habitude de Marina de ne pas rentrer à la maison sans rien me dire.

– Et de manquer un de nos rendez-vous sans me prévenir. J'ai pourtant essayé de l'appeler sur son portable, mais personne ne répond.

– Il est resté dans sa chambre. Elle ne le prend pas quand elle va à l'université. Entre les cours, elle est souvent à la bibliothèque et il est interdit d'y téléphoner.

– Oui, c'est vrai, elle me l'avait dit.

– Sofiane, je ne sais pas quoi faire. Marina n'est jamais partie comme ça sans m'avertir. Et s'il lui était arrivé quelque chose ? Il faut appeler la police !

Sofiane ne pensait pas voir un jour la mère de Marina pleurer, en tout cas pas devant lui. Il l'avait toujours imaginée froide et sans cœur. Il n'arrive plus à penser. Il espère que rien de grave ne s'est passé. Mais comment le savoir...

– Calmez-vous madame, je vais prévenir le père de mon meilleur ami, Éric. Il est inspecteur.

– Oui, Marina m'a déjà parlé de lui. Vas-y vite. Il n'y a pas une minute à perdre. Sofiane ?

– Oui ?

– Je suis contente que tu sois venu. Ne m'en veux pas, mais je me fais beaucoup de souci pour Marina, encore plus depuis que

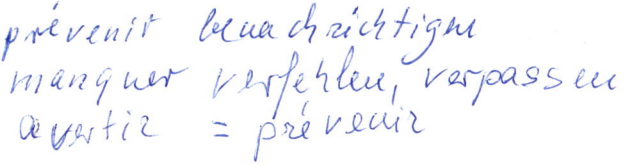

23

Ludovic est en prison. Comme tu le sais, elle m'aide beaucoup à la maison et le peu de temps qu'il lui reste, elle le passe à dessiner ou à réviser ses cours d'histoire de l'art. Le plus important, c'est qu'elle réussisse ses études. Je pensais qu'un garçon pourrait la
5 distraire.

13 Sofiane le sait bien. Marina ne serait jamais partie sans rien dire à personne. Mais pourquoi ne l'a-t-elle pas appelé pour lui dire qu'elle avait parlé à sa mère et que celle-ci acceptait enfin de le voir ? Elle sait à quel point cette discussion était importante pour lui. En des-
10 cendant les escaliers, il appelle Éric sur son portable.

Comme d'habitude, après avoir mangé avec sa mère devant la télé, Éric va dans sa chambre, allume son ordinateur et lit ses mails. À 22 h 30, il entend le tour de clé sec de son père. Son cœur bondit, il se lève pour aller lui dire bonsoir.

15 – Salut, p'pa !
– Salut, fiston, ça va ?
– Bof, et toi ?
– Ça va. Qu'est ce qui t'arrive ?
– Marina, la copine de Sofiane, a disparu. Il vient de m'appeler.
20 – Disparue ? Comment ça, disparue ?
– Personne ne sait où elle est. Ni Sofiane, ni sa mère. La dernière fois que sa mère l'a vue, c'était avant-hier avant qu'elle aille à la fac. Sofiane, lui, avait rendez-vous avec elle hier soir mais elle n'est pas venue. Sa mère voulait appeler la police mais Sofiane
25 voulait d'abord t'informer.
– Il a bien fait. La police refusera de lancer un avis de recherche aussi vite car cela ne fait que 48 heures qu'elle a disparu.
– Mais papa, attendre alors qu'elle est peut-être en danger, tu trouves ça normal ? Il faut faire quelque chose rapidement.
30 – Je suis d'accord, mais tu sais, c'est la loi. En plus, elle est majeure. Ne t'inquiète pas, j'irai chez Sofiane demain pour en savoir plus.
– Merci, papa. J'ai peur qu'il lui soit arrivé quelque chose...

dessiner s. abzeichnen reviser überprüfen

5 **distraire** *ici :* ablenken – 12 **allumer** ≠ éteindre – 13 **sec, sèche** *ici :* plötzlich – 14 **bondir** *ici :* hochfahren – 21 **ni ... ni ...** weder ... noch ... – 26 **lancer un avis de recherche** eine Vermisstenanzeige erstatten – 30 **une loi** Gesetz

6

Comme tous les matins, l'inspecteur Baccolini se lève à six heures et prend son café en écoutant la radio.

La disparition de Marina l'intrigue beaucoup. Étrange, cette histoire. Il a vu grandir Sofiane, l'ami de son fils, un garçon remarquable, différent des autres jeunes de la cité. C'est l'un des rares jeunes à ne jamais avoir eu de problèmes avec la police. Un garçon sérieux, travailleur et très sensible. En revanche, il ne connaît Marina que parce que son fils lui en a déjà parlé. Il faut qu'il en sache un peu plus sur elle et sa famille. Une fille amoureuse ne disparaît pas ainsi sans laisser de nouvelles à son copain.

Après avoir pris sa douche, il apporte un café à sa femme. Même après toutes ces années, il la trouve toujours aussi attirante et regrette de ne pouvoir rester au lit avec elle. Il l'embrasse et lui souhaite une bonne journée. En sortant, il sent cette odeur de feuille mouillée qui annonce les jours de pluie d'automne, la même odeur que celle dans la cour de son école quand il était gosse. C'est loin tout ça. Les nuages donnent au ciel un air triste. Il espère qu'il ne pleuvra pas, il a oublié son parapluie. Il repense à l'anniversaire de son fils. Éric semble ne pas avoir aimé son cadeau. Pourtant il était sûr que ça lui ferait plaisir. Un cadeau original pour une fois. Peut-être qu'il n'ira jamais au stand de tir ? Il aimerait tant qu'il se décide à entrer dans la police. Avec son niveau d'étude, il pourrait commencer à un poste important, pas comme lui qui, sans diplôme, a dû commencer en bas de l'échelle et évoluer. Et puis la sécurité de l'emploi, il faut y penser. L'inspecteur Baccolini ne parle jamais de son travail à la maison, secret professionnel. Mais si son fils devenait policier, ça changerait tout et il pourrait lui parler de son expérience. En tout cas, il est fier de l'envie d'Éric d'aider son ami.

Dans la matinée, il ira parler à Sofiane.

Il pleut quelques gouttes quand l'inspecteur Baccolini revient du commissariat. Arrivé devant le bâtiment où habite Sofiane, il sonne.

---

3 **intriguer** éveiller la curiosité – 4 **grandir** → grand – 4 **remarquable** super – 5 **rare** peu –
7 **travailleur** → travailler – 7 **sensible** ≠ dur – 7 **en revanche** cependant – 10 **ainsi** comme ça –
12 **attirant, attirante** charmant – 14 **mouillé, mouillée** ≠ sec – 16 **un gosse** *fam* un enfant – 24 **une échelle** Leiter – 24 **un emploi** un travail – 30 **une goutte** Tropfen *ici* : un peu

Stand = Schießstand   intriguer = beeinsichigen
évoluer = entwicheln
envie

– Oui ?

– Sofiane, c'est Christian, le père d'Éric.

– Je vous ouvre.

Après avoir monté les trois étages qui mènent à l'appartement,
5   l'inspecteur Baccolini frappe à la porte.

– Bonjour, monsieur.

– Bonjour, Sofiane. Tu vas bien ?

– Bien et vous ?

– Ça va. Éric m'a dit que Marina a disparu.
10 – Oui, avant-hier soir, elle n'est pas venue à notre rendez-vous et
    sa mère ne l'a pas vue depuis trois jours. Je suis heureux que vous
    soyez venu. Asseyez-vous. Je vous fais un café ?

– Oui, merci.

Pendant que Sofiane fait le café dans la cuisine, l'inspecteur
15 regarde les meubles orientaux et la table basse en mosaïque. Des
cadres avec des inscriptions en arabe décorent les murs, probablement des textes du coran. Sofiane revient avec un plateau, deux
tasses, une cafetière et une assiette pleine de gâteaux sucrés orientaux.

20 – C'est maman qui les a faits.

– Merci. Ça fait longtemps
    que je n'en ai plus mangés.
    Comment ils s'appellent
    ces gâteaux ?

25 – Ce sont des baklawas et des
    makrouts.

– Mmh, ils sont vraiment dé-
    licieux. Mes compliments à
    ta maman.

30 – Ça lui fera plaisir.

 Entre deux gâteaux, l'inspecteur sort un carnet de note de sa poche
et un stylo.

– Alors, reprenons depuis le début. Quand est-ce que tu as vu Ma-
    rina pour la dernière fois ?

5 **frapper** *ici :* klopfen – 16 **un cadre** Rahmen – 16 **une inscription** → écrire – 16 **probablement** sûrement – 17 **un plateau** Präsentierteller – 18 **une cafetière** → le café – 33 **reprendre** *ici :* (re)commencer

– C'était il y a quatre jours au Vallon des Auffes, c'est notre lieu de rendez-vous préféré. Il était 20 heures.

– C'est vrai que c'est beau là-bas. J'y allais souvent manger la bouillabaisse avec ma femme, chez Fonfon. Bon, que s'est-il pas-
5 sé ce soir-là ?

– Je lui ai dit qu'après deux ans de relation, j'en avais assez de la voir seulement deux-trois fois dans la se-
10 maine. Sa mère refusait toujours de me rencontrer. J'avais déjà demandé plusieurs fois à Marina de venir s'installer avec moi.
15 Sa mère avait peur que Marina la quitte et abandonne ses études. Marina est sa seule aide, vous savez.

– Et à la fin de votre rendez-vous, comment vous êtes-vous quittés ?

– Je lui ai dit que je ne voulais plus continuer comme ça. Elle m'a
20 dit qu'elle irait parler à sa mère.

– Et vous êtes rentrés ensemble après ça ?

– Oui, je l'ai ramenée chez elle en voiture avant de rentrer chez moi.

– D'accord. Tu m'as dit que Marina est la seule aide de sa mère.
25 Qu'est-ce que tu veux dire par là ?

– Marina l'aide beaucoup à la maison et s'occupe de ses plus jeunes frères.

– Ses frères sont si jeunes que ça ?

– Non, ils ont douze et treize ans. Mais depuis que Ludovic, le plus
30 âgé, est en prison, elles ont peur que les deux autres aussi fassent des bêtises.

– Pourquoi est-il en prison ?

– Il a pris et a vendu de la drogue pour se faire de l'argent facile et rembourser son dealer. Il s'est fait prendre par la police.
35 – Tu peux m'en dire un peu plus sur ce dealer ?

4 **Chez Fonfon** nom d'un restaurant célèbre à Marseille – 34 **rembourser** payer

- Pas vraiment, j'en ai entendu parler par Marina. Il traîne dans sa cité, la cité des Cerisiers. Il a essayé une fois de parler aux petits frères de Marina. Mais heureusement, elle était là.
- Et qu'est-ce qu'elle t'a dit sur cet homme ?
5 - Elle ne le connaît pas. Elle le voit parfois dans la cité et ça l'énerve de savoir son frère en prison à cause de lui alors que lui, il se promène sans problème. Elle pense que c'est un danger pour les autres jeunes, et surtout pour ses frères.
- A-t-elle dit à la police que c'était le dealer de son frère quand il
10 s'est fait arrêter ?
- Oui, mais ça n'a servi à rien. La police n'avait pas assez de preuves contre lui, juste la parole de Marina. Ludovic n'a pas dénoncé son dealer.
- Oui, c'est classique dans ce milieu.
15 - Pourquoi ?
- Il aurait pu avoir des problèmes s'il l'avait dénoncé, même en prison. Les caïds ont beaucoup de connections. À quoi ressemble-t-il, ce dealer ?
- Marina m'a dit qu'il a environ quarante ans et qu'il a un bandeau
20 sur l'œil gauche. Je n'en sais pas plus.
- Tu connais son nom ?
- Non. Comme je vous l'ai dit, je ne sais pas grand-chose d'autre. Je sais seulement que c'est devenu une obsession chez elle, qu'elle en parle souvent.
25 - Une obsession ? Qu'est-ce que tu veux dire ?
- Oui, elle dit souvent « il faut que quelqu'un fasse quelque chose pour arrêter ça ». Elle m'a dit de ne pas m'inquiéter, de lui laisser du temps, que tout finirait par rentrer dans l'ordre. Je lui ai dit d'oublier ce dealer, de penser à nous, à notre couple.
30 - Tu penses que ce « quelqu'un », ça pourrait être elle ?
- Attendez, vous pensez que sa disparition aurait un rapport avec cet homme ?
- Je ne dis pas ça. Je pose seulement la question. J'essaie de comprendre.

devenir werden

1 **traîner** *fam* herumhängen – 11 **une preuve** Beweis – 12 **la parole** *ici :* Ehrenwort – 17 **un caïd** *arg* un chef de bande – 19 **un bandeau** Augenklappe – 31 **un rapport** une relation –

obsession = fixe Idee, Zwangsvor-
28 *stellung,*
disparition Verschwinden

– Non, je ne pense pas. Je ne l'ai pas prise au sérieux. Ce n'est pas la première fois qu'elle dit ça. Que peut faire une jeune étudiante seule contre un voyou qui échappe toujours à la police ?

– Tu m'as dit que la mère de Marina ne veut pas te voir ?

5 – Elle ne voulait pas. Je suis allé chez elle hier soir parce que j'étais inquiet. Elle m'a dit que Marina lui avait parlé et qu'elle avait décidé de faire ma connaissance.

– Et Marina ne t'a pas appelé pour te le dire ?

– Non, j'ai trouvé ça étrange. Sa mère pense qu'elle préférait peut-
10 être m'annoncer la nouvelle la prochaine fois qu'on se verrait. Mais, avant-hier soir, elle n'est pas venue.

– Merci, Sofiane d'avoir répondu à mes questions. Peux-tu me donner le nom et l'adresse de Marina ?

– Luciani. Cité des Cerisiers. Bâtiment D. Merci à vous d'être venu.
15 Je suis vraiment inquiet, vous savez.

– Je te tiens au courant si j'ai du nouveau.

En descendant les escaliers, l'inspecteur Baccolini est satisfait de sa conversation avec Sofiane. La situation est un peu plus claire. Une jeune fille étonnante, courageuse ou plutôt inconsciente. Ma-
20 rina avait peut-être un plan pour faire arrêter le dealer, l'empêcher d'influencer ses frères et les autres jeunes de la cité. Et il est possible que ce plan n'ait pas plu à ce caïd de la drogue. Si c'est lui qui a enlevé Marina, il ne se promènera plus dans la cité des Cerisiers pendant longtemps. Mais c'est bizarre quand même que Marina
25 n'ait pas appelé Sofiane pour lui dire que sa mère acceptait enfin de la voir. Qu'attendait-elle ? Il doit aller rendre visite à la mère de Marina pour en savoir plus.

balancer jmdn verraten

caïd = Boß   enlever entführen

3 **un voyou** Gauner – 3 **échapper** entfliehen – 17 **satisfait, satisfaite** content – 19 **étonnant, éton-**
nante *ici :* génial – 19 **inconscient, inconsciente** qui ignore le danger – 20 **empêcher** hindern –
21 **influencer** beeinflussen

empêcher = verhindern

7

– Madame Luciani ? Ici, l'inspecteur Baccolini. Je viens vous
voir à propos de la disparition de Marina.

– Oui, Monsieur l'inspecteur, je vous ouvre. Entrez, je vous
en prie. J'attendais votre visite. Sofiane m'a dit qu'il vous contac-
5 terait. Je suis morte d'inquiétude vous savez.

– Il est malheureusement trop tôt pour lancer un avis de recherche. De plus, votre fille est majeure.

– Comment ça trop tôt ? Faut-il attendre que quelque chose de
grave arrive, Monsieur l'inspecteur ?

10 – C'est la loi, la police doit juger utile de faire une enquête. Votre
fille est majeure et elle n'est pas rentrée depuis trois jours. Ça ne
suffit pas encore pour ouvrir une enquête. Si je viens vous voir,
c'est justement pour aller plus vite. J'ai besoin d'informations.

– Asseyez-vous, je vous en prie.

15 – Merci. Pourriez-vous m'en dire un peu plus sur le dealer à cause
duquel votre fils est en prison ?

– Quel est le rapport avec la disparition de ma fille, inspecteur ?

– Aucun pour le moment. Répondez à ma question, s'il vous plaît.

– On a déjà dit tout ce qu'on savait sur lui quand Ludovic a été ar-
20 rêté. La police a interrogé ce dealer, puis l'a remis en liberté car
Ludovic ne l'a pas dénoncé. Et mon fils a été condamné. Je n'ai
jamais compris pourquoi il l'a protégé.

– Votre fils a respecté les règles du milieu de la drogue. Il aurait
eu beaucoup de problèmes s'il avait dénoncé le dealer, même en
25 prison. Le réseau de la drogue est très important et une « balance » qui dénonce ses complices prend de gros risques. Ludovic
aurait pu être en danger de mort.

– Je ne voyais pas les choses comme ça. Ludovic ne m'en a jamais
parlé. Mais, inspecteur, je n'ai toujours pas compris le rapport de
30 cette affaire avec la disparition de Marina ?

– Il n'y en a pas encore. Vous parlez souvent de ce dealer avec Marina ?

– Rarement. Marina essaie d'en parler de temps en temps mais je
change vite de sujet. Il n'y a rien à en dire. Nous avons assez de
35 problèmes comme ça.

---

10 **une enquête** Ermittlung – 20 **remettre en liberté** aus der Haft entlassen – 25 **un réseau** un (Notiz)
ensemble de connections – 25 **une balance** *ici : fam* Denunziant – 26 **un, e complice** Mittäter

– Vous connaissez le nom de cet homme ?

– Non. La police a pu l'interroger car ma fille lui avait dit où elle
pouvait le trouver. Mais nous n'avons jamais appris son nom.

– Sofiane m'a raconté comment s'est passé leur dernier rendez-
5 vous. Votre fille lui parle souvent du dealer et semble très inquiète pour ses frères. Il dit que c'est une obsession chez elle.

– Comme je vous l'ai dit, nous n'en parlons jamais avec Marina.
Quand Ludovic a été arrêté, Marina a été très choquée. Elle s'est
rapprochée de ses frères après ça.

10 – Je comprends, madame. Je voudrais voir à présent la chambre de
votre fille, vous permettez ?

– Oui, bien sûr, inspecteur, si ça peut vous aider pour l'enquête. *Untersuchs* **18**

En entrant dans la chambre de Marina, l'inspecteur Baccolini
découvre des murs roses décorés de tableaux de peintres célèbres :
15 Cézanne, Van Gogh, Monet. Sur le bureau en bois clair, des cahiers
et des feuilles de cours rangées dans des classeurs. « Une étudiante
en arts plastiques sérieuse et organisée », pense l'inspecteur. Mais
comment Marina trouve-t-elle le temps d'aider sa mère à la maison, de s'occuper de ses frères, d'étudier et de courir après un dea-
20 ler sans que personne ne le sache ? L'inspecteur comprend mieux
pourquoi elle n'avait que peu de temps pour voir Sofiane.

En ouvrant les tiroirs, il découvre des dessins au crayon de Marseille : le Vieux-Port, le quartier du Panier, la basilique Notre-Dame
de la Garde. Non seule-
25 ment la jeune artiste a
dessiné des formes très
nettes mais elle a aussi
rendu l'atmosphère de
chaque lieu. À certains
30 endroits, les coups de
crayon sont moins pré-
cis, la scène plus confu-
se, comme la surface
d'une eau troublée.

La basilique Notre-Dame de la Garde

---

8 **se rapprocher de qn** devenir plus proche/intime avec qn – 16 **un classeur** Ordner – 17 **les arts plastiques** Bildende Künste – 27 **net, nette** *ici :* précis – 28 **rendre** *ici :* représenter – 33 **la surface de l'eau** Wasserspiegel – 34 **troublé, troublée** *ici :* qui bouge

tiroir Schublade

19 Sur l'un des dessins de Notre-Dame de la Garde, la lune est dessi-née. Des voitures, des figures sans visage, des ombres sur le sol. La basilique de Notre-Dame au sommet, les lumières de la ville au loin. Rien à dire, cette jeune fille est vraiment très douée en dessin.

5 En regardant les différentes esquisses, ses yeux s'arrêtent sur un personnage un peu plus grand que les autres. L'inspecteur frissonne. Il a un bandeau sur l'œil gauche. Notre dealer fait donc des af-faires la nuit sous les yeux de la Bonne Mère. Il n'a aucun scrupule. L'inspecteur sait que les jeunes de Marseille aiment aller sur le par-

10 king de la basilique avec leur voiture pour boire avec leurs potes en regardant la ville. Le soir, il n'y a plus de touristes et la basilique est fermée. Mais le parking reste ouvert et la vue est magnifique. Un lieu rêvé pour un vendeur de drogue qui cherche de nouveaux clients. En regardant les autres feuilles, il reconnaît le même per-

15 sonnage sans visage dans le quartier du Panier qu'il reconnaît grâce à ses rues qui montent et qui descendent et la célèbre Montée des Accoules. Marina l'a donc suivi après l'arrestation de son frère et connaissait les lieux où il vend sa drogue. Elle n'a sans doute pas eu le temps d'appeler la police. L'art de suivre quelqu'un sans être vu

20 ne s'apprend pas à l'université. Le dealer a sûrement eu le temps de la remarquer.

Le quartier du Panier

3 un sommet en haut – **4 doué, douée** qui a du talent – **5 une esquisse** un dessin non fini –
6 frissonner trembler de surprise – **8 la Bonne Mère** Notre-Dame de la Garde – **17 une arrestation** →
arrêter

– Vous avez trouvé quelque chose, inspecteur ?
  L'inspecteur range les feuilles.
– Non, non, rien de spécial. Votre fille est une artiste de talent.
– Oui, le dessin a toujours été sa passion.
5 – Et une étudiante sérieuse apparemment.
– Oui, elle travaille beaucoup.
– Vous savez, Sofiane est un jeune homme très bien.
– Oui, je l'ai rencontré. Il est venu me voir quand Marina a disparu.
  Pourquoi me dites-vous cela ?
10 – Je pense seulement que c'est dommage de faire sa connaissance
  dans ces circonstances.
– Oui, j'aurais préféré… Comprenez-moi, inspecteur, je voulais
  être sûre que leur relation soit sérieuse et voir si Marina conti-
  nuerait l'université. Retrouvez ma fille, je vous en prie. S'il lui ar-
15 rivait quelque chose, je ne pourrais pas le supporter.
– Calmez-vous, madame. Je ferai mon possible. Je reviendrai si j'ai
  d'autres questions.
  Dans sa voiture, l'inspecteur réfléchit à toute cette histoire. La
  mère accepte enfin de voir Sofiane. Une bonne nouvelle. Mais une
20 demi-bonne nouvelle pour Marina pour qui le dealer est le princi-
  pal problème. Si Marina réussit à donner des renseignements précis à la police sur le lieu de travail du dealer, celle-ci l'arrêterait et
  Marina pourrait habiter enfin avec Sofiane, l'esprit tranquille. Cela
  pourrait expliquer pourquoi elle a attendu avant d'appeler. Une
25 fille courageuse mais imprudente.

---

5 **apparemment** offensichtlich – 11 **dans ces circonstances** *fpl* dans ces conditions *fpl* –
21 **un renseignement** une information – 25 **imprudent, imprudente** qui ignore le danger

8

De retour au commissariat, l'inspecteur Baccolini décide d'aller voir l'un de ses collègues de la brigade des stupéfiants. Il espère qu'il pourra lui donner des informations sur le dealer sans nom. Depuis sa promotion, les affaires de drogue

5 manquent à l'inspecteur. À la brigade financière, les affaires sont beaucoup moins passionnantes. Des hommes politiques, des chefs d'entreprises, des marchés truqués... Mais bon, le milieu de la drogue, ce n'est plus sa spécialité. Avant, c'était lui que les collègues venaient voir quand ils avaient besoin d'informations sur le milieu.

10 – Salut inspecteur. Ça fait plaisir de vous revoir depuis le temps.

– Inspecteur ? Pas de ça entre nous, brigadier. J'ai pas très envie de te dire vous, Paul, alors on continue à se dire tu, d'accord ?

– Oui, Christian, c'est toi qui décide. Comme au bon vieux temps ! Qu'est-ce que je peux faire pour toi ?

15 – J'aurais besoin du nom d'un dealer.

– Un dealer ? Comme c'est original !

– Il traîne dans les quartiers nord, à la cité des Cerisiers. Vous l'avez interrogé dans l'affaire Luciani, l'an dernier.

– Attends... Luciani... Luciani... ça me dit quelque chose.

20 Le brigadier se lève et ouvre une armoire en fer. Des centaines de dossiers rangés par ordre chronologique et alphabétique.

– Luciani, tu dis ? L'an dernier ? Ah voilà, j'ai trouvé. Ça y est, je me souviens. Nous avions interrogé la sœur, Marina Luciani, comme témoin. Elle a tout fait pour protéger son frère.

25 – Elle a parlé dans sa déposition du dealer pour lequel son frère travaillait.

– Oui, en effet. Nous l'avons interrogé aussi.

– T'as son nom ?

– Abderrahman Hamdan, connu sous le nom du pirate.

30 – Vous en aviez déjà entendu parler ?

– Son nom est connu ici. Le pirate intouchable. Un visage qu'on n'oublie pas. On ne l'a jamais surpris en train de vendre. Il affir-

---

2 **un stupéfiant** une drogue – 4 **une promotion** Beförderung – 6 **passionnant, passionnante** intéressant – 7 **une entreprise** Unternehmen – 7 **truqué, truquée** verfälscht – 20 **une armoire** où on range des objets – 20 **en fer** eisern – 20 **une centaine de** environ cent – 21 **un dossier** Akte – 25 **une déposition** ce qu'une personne dit à la police – 31 **intouchable** *ici :* que la police ne peut pas arrêter – 32 **surprendre** *ici :* voir – 32 **affirmer** dire

34

me toujours que c'est pour sa consommation personnelle. C'est pourquoi il est allé plusieurs fois en prison, mais seulement pour de courtes peines.

5
– Mais les personnes qui lui ont acheté de la drogue ne l'ont jamais dénoncé ?
– Les jeunes qui se font arrêter ont peur de lui. Certains travaillent même pour lui. Il parvient toujours à nous échapper. *—en fliessen*
– T'as son adresse ?
– Officiellement, il habite encore chez ses parents dans le quartier
10 du Merlan. Mais quand on y est allés, ses parents ne savaient pas où il était. Pour l'affaire Luciani, on l'a trouvé à la cité des Cerisiers, comme nous l'avait dit la sœur Luciani. Mais il n'avait pas de drogue sur lui.
– Qu'a-t-il dit quand vous l'avez interrogé ?
15 – Il a tout nié. Et avec le frère Luciani qui n'a rien voulu nous dire sur lui, on a dû le relâcher. On l'a surveillé pendant quelques temps. Tu penses bien qu'il l'a remarqué. Ce gars-là a l'habitude d'être suivi par la police. Mais on finira par l'avoir, tu verras. Tu veux quand même l'adresse de ses parents ?
20 – Non, ça ira. Merci, Paul. Et la sœur Luciani, est-ce qu'elle a téléphoné à la brigade ?
– Non, pourquoi ?
– Non, comme ça. Ça va ton fils sinon ? *—> einiger maßen?*
– Pas trop. Il a été touché dans une fusillade pendant un braquage.
25 – C'est pas possible ! Et comment va-t-il ?
– Il est encore à l'hôpital. Heureusement ce n'est qu'une blessure à l'épaule. Ça aurait pu être plus grave. Un de ses collègues est dans le coma.
– Oui, il a eu de la chance. Passe-lui le bonjour.
30 – Merci, ça lui fera plaisir. Et si on mangeait ensemble la semaine prochaine pendant la pause ?
– Bonne idée. Je t'appelle. Ciao.

---

1 **la consommation** Verbrauch – 3 **une peine** *ici* : un séjour en prison – 7 **parvenir** réussir – 16 **nier** verneinen – 17 **relâcher** *ici* : laisser partir – 16 **surveiller** observer – 17 **un gars** *fam* un type – 24 **toucher** *ici* : blesser – 24 **une fusillade** Schießerei – 24 **un braquage** Raubüberfall – 26 **une blessure** → blesser

parvenir – gelingen

9 Trois jours plus tard, l'inspecteur réfléchit dans son bureau. Un café fumant devant lui, la tête entre les mains, les pensées confuses. Éric l'a appelé plusieurs fois déjà pour lui demander des nouvelles de Marina mais l'inspecteur préfère ne rien
5 lui dire. Pas encore. Qu'est-ce qui lui a pris de lui faire ce cadeau ? Le fils de Paul est policier depuis trois ans, la fierté de son père. Il n'est pas beaucoup plus vieux qu'Éric. Paul a eu peur de le perdre, il fait moins le malin maintenant. Et si c'était Éric qui avait été blessé...

Qu'est-ce qu'il va bien pouvoir dire à son fils et à Sofiane s'il ar-
10 rive malheur à Marina ? Il a bien fait d'aller voir Paul à la brigade des stup'. C'est bien ce qu'il pensait, le pirate a dû remarquer Marina dès le début. Il a eu tout le temps de la surveiller pour savoir quand et où il l'enlèverait. Il ne pouvait pas prendre le risque qu'elle appelle la police. Elle n'en a pas eu le temps. Il serait trop dange-
15 reux d'aller rendre visite aux parents du dealer et de lancer un avis de recherche. Qui sait ce qui pourrait passer par la tête de ce malade s'il voyait que la police le recherche ? Qui sait ce qu'il ferait à Marina ? Le mieux est de le trouver sur son lieu de travail et de le suivre. Mais où ? Depuis plusieurs soirs, rien à Notre-Dame de la
20 Garde. Il a envoyé une patrouille dans le quartier du Panier et à la cité des Cerisiers. Pas de pirate. L'inspecteur le sait, il doit agir très vite. Des dealers de ce genre, il en a vus beaucoup. La plupart ne sont pas des tueurs. Ils veulent impressionner, intimider, mais pas tuer. Trop dangereux pour leur business et ils ont trop besoin d'ar-
25 gent. Un meurtre leur coûterait trop cher. Mais celui-là, on ne sait jamais. La police le connaît. Il risque gros et encore plus après un enlèvement. L'inspecteur se dit qu'il aurait dû prendre les dessins dans la chambre de Marina. Mais tout s'est passé si vite. Quand sa mère est entrée dans la chambre, il ne voulait pas l'inquiéter. Il doit
30 y retourner et regarder les autres dessins de plus près. Il n'y a pas une minute à perdre.

23 – Bonjour madame, c'est l'inspecteur Baccolini, je peux monter ?
– Oui, inspecteur, je vous ouvre.

---

6 **la fierté** Stolz – 9 **arriver malheur à** quand quelque chose de grave se passe – 12 **dès** depuis –
22 **la plupart** une grande partie – 23 **un tueur** → tuer – 23 **impressionner** *ici :* faire peur –
23 **intimider** faire peur – 25 **un meurtre** l'acte *m* de tuer – 27 **un enlèvement** → enlever –
30 **retourner** revenir

*les stupéfiants = glob. Wort für
Rauschgift*

36

La porte s'ouvre sur un visage plus blanc et plus fatigué que la fois dernière. Les yeux de Madame Luciani sont rouges.

– Entrez. Vous avez du nouveau ?

– Pas vraiment. L'enquête continue. Je pourrais voir la chambre de
5 votre fille encore une fois, s'il vous plaît ?

– Oui, je vous en prie.

– Merci.

L'inspecteur examine à nouveau tous les dessins au crayon. No-tre-Dame, Le Panier et aussi un petit port qui ressemble au Vallon
10 des Auffes, un ancien port de pêcheur avec des rochers, des maisons construites sur la roche. Toujours la lune et le pirate sans visage de-vant d'autres personnages, eux aussi sans visage. Ça ressemble à un endroit qu'il connaît... Lequel ? Mais bien sûr ! C'est le quartier des

Goudes ! Au sud de Marseille ! L'endroit attire beaucoup de jeunes
15 le soir. L'inspecteur se souvient qu'il y allait souvent avec ses amis quand il avait l'âge d'Éric. Avec un peu de chance, il pourra le trou-ver là-bas.

– Merci, madame. Je vous tiens au courant si j'ai du nouveau.

– Oui, s'il vous plaît, inspecteur. Cette attente est insupportable.

8 **examiner** regarder avec attention – 10 **un pêcheur** → la pêche – 14 **attirer** *ici :* faire venir – 19 **une attente** → attendre – 19 **insupportable** trop difficile

10

Le soir même, l'inspecteur décide d'aller aux Goudes et de garer sa voiture loin du bord de mer, par précaution. De loin, il remarque un groupe de jeunes. Comme au bon vieux temps. Rien n'a vraiment changé depuis sa jeunesse. Les jeunes se retrouvent au bord de l'eau, en voiture, avec de quoi boire et de la musique. Les souvenirs lui reviennent en mémoire, des visages oubliés, ses premiers rendez-vous amoureux. C'est près d'ici qu'il avait embrassé la belle Sylvie, sur un rocher près de la mer.

Il décide de s'approcher. Mais très vite, la tête du dealer apparaît dans son champ de vision au milieu du groupe, chassant en un clin d'œil toutes les images agréables de son passé. C'est donc lui le pirate, l'intouchable. Celui que tout le monde craint dans le milieu. « Pas très impressionnant », pense l'inspecteur qui a vu des dealers plus grands et plus musclés. Maigre et bronzé, il porte un bandeau noir sur l'œil gauche, une casquette noire sur la tête, un survêtement blanc et des baskets blanches. Une fine bouche, un grand nez crochu, des dents jaunes, un sourire et des yeux un peu cruels. Une voix grave avec l'accent et le ton violent de la cité qu'il connaît bien. Quelques injures. Une dispute serait-elle en train d'éclater ? Les autres jeunes semblent avoir peur de lui. Le pirate donne des sacs et reçoit de l'argent.

Après la vente, l'homme borgne s'éloigne. L'inspecteur le suit de loin avec prudence. Un croissant de lune dans un ciel étoilé, une soirée magnifique où on pourrait trouver mieux à faire que de suivre un caïd des cités. Au bord de la route, l'inspecteur suit cette tache blanche que la lune fait briller. Grâce aux nombreux virages dans ce quartier, il n'est pas très difficile de suivre quelqu'un sans être vu. Après une courbe, l'inspecteur arrive sur une grande route droite, mais le pirate n'y est plus. Il a dû tourner à droite vers le bord de mer. À quelques mètres de l'eau, il découvre une baraque de bois peinte en blanc, sans doute une ancienne cabane de pêcheur. L'inspecteur attend quelques secondes, escalade un petit mur sur

---

2 **une précaution** *ici :* Vorsicht – 6 **une mémoire** Gedächtnis – 10 **un champ de vision** Sehfeld – 10 **chasser** *ici :* faire partir – 16 **un survêtement** Trainingsanzug – 17 **un nez crochu** Hakennase – 17 **une dent** Zahn – 18 **cruel, cruelle** méchant – 18 **violent, violente** → la violence – 19 **une injure** un mot pour blesser – 20 **éclater** *ici :* se passer – 22 **borgne** qui n'a qu'un œil – 23 **la prudence** Vorsicht – 26 **une tache** *ici :* une couleur – 26 **nombreux, nombreuse** ≠ peu – 31 **une cabane de pêcheur** une petite maison de pêcheur

C'injures = Schimpfworte   courbe = Kurve
virage = Kurven
éloigner = s. entfernen

le côté, place sa tête sous la seule fenêtre de la baraque et regarde discrètement à l'intérieur. À travers les lamelles d'une jalousie en mauvais état, il reconnaît l'homme. Il n'est pas seul. Sur une chaise près de lui, quelqu'un est assis. Une jeune femme bâillonnée et li-
5 gotée. Marina ! Même s'il ne l'a jamais vue, il revoit aussitôt le visage de sa mère, la même couleur de cheveux, les mêmes joues. Ses yeux sont gonflés, rouges et cernés de noir. C'est donc là qu'il la cache depuis des jours. Pas étonnant que la police l'ait perdu de vue. Elle qui le cherchait dans les quartiers nord. Et la seule fenêtre
10 de la cabane est en face de la mer.

L'inspecteur décide de s'éloigner, derrière la baraque, et d'appeler ses collègues de la police. Alors qu'il cherche le numéro dans son portable, il sent un coup violent contre sa tête. Puis le trou noir. Lorsqu'il se réveille, il n'arrive plus à bouger ni ses bras, ni ses jam-
15 bes et sa tête lui fait affreusement mal. Sa vue est trouble, comme s'il ouvrait les yeux sous l'eau. Peu à peu, l'intérieur de la cabane apparaît. Il regarde ses bras et ses jambes. Ils sont ligotés. En face de lui, Marina est là, le regard vide, toujours attachée et bâillonnée.
– Alors, espèce de fouineur, tu faisais quoi ici ? Tu réponds où je te
20 redonne un coup sur la tronche ?
– Je passais par là et j'ai entendu crier.
– Tu te fous de moi ? J'ai trouvé ta carte de sale flic dans ta poche.
– Alors, si tu le sais, pourquoi tu demandes ?
– Joue pas ce jeu avec moi. Tu sais pas qui je suis.
25 – Je sais que tu as enlevé une jeune fille sans défense et que tu penses être un homme.
– J'ai mes raisons, ça te regarde pas. C'est très dangereux pour un flic de venir ici, tu sais. Tu te crois où ? T'es pas dans un commissariat ici. Tu es sur mon terrain et sur mon terrain, la loi, c'est moi
30 qui la fais.
Pendant que le pirate lui fait la conversation, l'inspecteur remarque des petits morceaux de verre sur son manteau. Il a dû l'assommer avec une bouteille. Même si un terrible mal de tête lui brouille la vue,

---

3 **un état** *ici :* Zustand – 4 **bâillonner** knebeln – 4 **ligoter** attacher – 5 **aussitôt** tout de suite – 7 **gonflé, gonflée** *ici :* gros, après avoir pleuré – 7 **cerné, cernée de noir** *ici :* schwarze Augenringe – 14 **lorsque** quand – 15 **affreusement** très – 19 **un fouineur** *fam* qn qui cherche toujours partout – 20 **une tronche** *fam* une tête – 32 **un manteau** un blouson – 32 **assommer** donner un coup sur la tête – 33 **brouiller** vernebeln

39

il arrive encore à penser. Soudain, il entend frapper quatre coups à la porte, puis trois autres coups. Il s'agit sûrement d'un code.

– Reste tranquille. Je reviens. Et si tu te mets à crier, je te tue.

Le dealer se lève, prend un sac sur la table et sort.

5   L'inspecteur regarde par la fenêtre, sûrement un revendeur. Il s'assure qu'ils se sont éloignés et essaie alors d'attraper avec ses doigts un petit bout de verre. Marina l'observe, les yeux plein d'espoir. D'un geste lent mais sûr, il tente de découper la corde autour de ses poignets, puis de ses bras.

10   Mais la porte s'ouvre brusquement en claquant contre le mur. L'inspecteur voit l'œil furieux du dealer et son poing s'écraser contre sa joue. Il est seul, l'autre homme est parti. Le visage de Marina se décompose et ses yeux expriment la terreur. Le pirate prend l'inspecteur par les cheveux.

26   – Je t'avais dit de rester tranquille. Ah, tu veux jouer au plus malin ! Mon business, c'est pas de tuer les gens. Mais s'il le faut, je sais comment m'y prendre. Pour Marina, j'ai pensé à un moyen rapide et sans douleur. Tu vois que je peux être un gentleman. Mais pour toi, j'ai bien envie d'essayer la manière forte, surtout si tu
20   respectes pas mes règles.

– Police. Que personne ne bouge ! Les mains en l'air, Hamdan !

L'inspecteur sursaute et voit le visage de son collègue, le brigadier Paul. « Comment a-t-il fait pour savoir que j'étais là ? » se demande l'inspecteur avec un soupir de soulagement.

25   – Allez, embarquez-le. Alors, vous ne vous attendiez pas à ça, inspecteur ?

– On ne se dit plus tu ?

– Attends, je te détache.

– Qu'est-ce que tu fais là, toi ?

6 **s'assurer** *ici :* nachgucken – 7 **un doigt** cinq doigt, une main – 8 **tenter** essayer – 8 **découper** couper – 9 **un poignet** entre la main et le bras – 10 **brusquement** tout à coup – 10 **claquer** *ici :* faire du bruit – 11 **s'écraser** *ici :* battre fort – 13 **se décomposer** *ici :* perdre l'espoir – 13 **exprimer** → une expression – 24 **un soupir** Seufzen – 24 **un soulagement** Erleichterung – 25 **embarquer** *ici : fam* arrêter – 28 **détacher** ≠ attacher

un revendeur *Wiederverkäufer*

s'assurer *s. versichern*

– Il y a quelques jours quand t'es venu me voir, je me demandais pourquoi tu me posais toutes ces questions. Ça sentait pas bon. J'étais sûr que tu essaierais d'arrêter le pirate. Et nous, le pirate, ça fait longtemps qu'on essaie de le coincer.

5 – Alors tu m'as suivi.

– On ne peut rien te cacher. On t'a suivi avec mes hommes. J'ai compris que tu essaierais de le retrouver seul. T'as toujours essayé de tout faire seul.

– Paul, je crois que ton intuition nous a sauvé la vie.

10 Avec un couteau qu'il prend sur la table, l'inspecteur coupe les cordes autour du corps de Marina et lui enlève le bâillon autour de sa bouche. Ses cheveux et ses joues sont mouillées de larmes.

– Je me présente, inspecteur Baccolini, le père d'Éric. Et voici le brigadier Paul. Ne t'inquiète pas, son compte est bon. Il va tom-
15 ber pour toutes les drogues qu'il vend aux jeunes depuis des années et pour t'avoir enlevée. Avec la tentative d'homicide, quand il reverra la mer, tes frères seront des hommes. Qu'est ce qu'il t'a fait ? Il t'a frappée, violentée ?

– Non, seulement une gifle quand je lui ai parlé de mon frère. Oh,
20 inspecteur, merci. Vous aussi, merci. Je n'y croyais plus. Je ne pensais pas que quelqu'un me retrouverait ici.

– Tes dessins m'ont beaucoup aidé, tu sais.

– Mes dessins ? Vous êtes allé chez moi ?

– Oui. Il fallait bien. Tu as beaucoup de talent.

25 – Merci.

– Ce n'est pas très prudent ce que tu as fait. Suivre seule un dealer, c'est très dangereux, surtout quand personne n'est au courant. C'était à la police de s'en occuper.

– Maman et Sofiane ne m'auraient jamais laissé faire si je le leur
30 avais dit. Et la police, je voulais l'aider. Ça fait longtemps qu'elle ne faisait plus rien.

---

4 **coincer** *ici : fam* arrêter – 10 **un couteau** → couper – 11 **un corps** Körper – 12 **une larme** liquide qui coule des yeux quand on pleure – 16 **une tentative d'homicide** versuchte Tötung – 18 **frapper** *ici :* battre – 18 **violenter** → violence – 19 **une gifle** Ohrfeige

attraper
le poing Faust   *hauen, aus, bringen*

– Oui, je sais. Comment te sens-tu ?

– Un peu faible, je n'ai pas beaucoup mangé depuis quelques jours. Seulement du pain quand il voulait bien m'en donner.

– Je vous accompagne à l'hôpital. Vous en avez bien besoin tous les deux dans votre état, lance le brigadier Paul. Christian, t'as une tête à faire peur.

– Oui, c'est vrai. Mais avant, Marina, appelle ta mère, ce sera le plus beau jour de sa vie.

2 **faible** ≠ fort – 5 **lancer** *ici :* dire

La Fontaine Castellane

11 Éric est heureux. On a retrouvé Marina grâce à son père et à son collègue, le brigadier Paul. Un soulagement pour tout le monde, en particulier pour son ami Sofiane et pour la famille de Marina. Il y a quelques jours, Sofiane a fait une sur-
5 prise à la jeune fille. Dans deux mois, ils habiteront ensemble dans un appartement dans le quartier de Castellane, en centre ville. Marina pourra continuer ses études.

Éric est vraiment très fier de son père. Hier, c'était la première fois qu'il lui racontait les étapes de son enquête et la confrontation
10 avec le dealer. Effrayant. Éric l'a écouté avec une grande attention mêlée d'admiration. Il n'aurait jamais eu le courage de faire tout ce qu'il a fait. Il a été ému quand son père lui a dit qu'il n'aurait pas dû lui offrir ce cadeau pour son anniversaire et qu'il respecterait son futur choix de carrière. Il se demande ce qui a bien pu lui faire
15 changer d'avis.

10 **effrayant, effrayante** qui fait peur – 11 **mêler** → mélanger – 11 **l'admiration** *f* Bewunderung –
12 **ému, émue** gerührt – 14 **futur, future** dans l'avenir – 14 **un choix** → choisir

Avec quelques voisins, la mère de Marina a organisé une grande fête pour célébrer son retour. C'est la première fois qu'Éric revoit la jeune fille depuis sa disparition. Sofiane tient les mains de sa copine comme s'il avait peur qu'elle lui échappe à nouveau. Éric serre la main de Sofiane, embrasse Marina et sa mère. Il reconnaît quelques jeunes de la cité des Mûriers qui viennent lui faire la bise en l'appelant « mon frère ». Ils lui demandent même des nouvelles de son père en le félicitant, ces mêmes jeunes qui l'ignoraient, lui et sa famille. Devant le bâtiment D, des tables sont installées avec beaucoup de nourriture dans des assiettes en carton. Éric reconnaît le couscous de la mère de Sofiane mais il y a aussi des spécialités créoles, arabes, italiennes et espagnoles. Une cuisine aux couleurs de la cité, aux couleurs de Marseille...

2 **un retour** → retourner – 5 **serrer** *ici :* nehme – 8 **féliciter** gratulieren

Activités après l'écoute ou la lecture

Chapitre 1

1 Écoutez le texte et cochez la bonne réponse.   `1-3`

1. Pourquoi Éric est-il menacé par les autres jeunes de la cité ?

a. Parce qu'il ne leur parle jamais. ☐
b. Parce qu'il n'a pas les mêmes origines qu'eux. ☐
c. Parce que son père est policier. ☒

2. D'après vous, qu'est-ce qu'un bac S ?

a. Un baccalauréat économique et social. ☐
b. Un baccalauréat scientifique. ☒
c. Un baccalauréat sciences médico-sociales. ☐

3. Qu'est-ce qu'Éric étudie à l'université ?

a. L'allemand. ☐
b. La biologie. ☒
c. Les mathématiques. ☐

4. Que fait Sofiane dans la vie ?

a. Il travaille dans un supermarché. ☒
b. Il étudie la même matière qu'Éric. ☐
c. Il ne travaille pas. ☐

5. Quelle est la spécialité de la mère de Sofiane ? (2 réponses possibles)

a. La bouillabaisse. ☐
b. La paella. ☐
c. Le couscous. ☐
d. Le gâteau au chocolat. ☒
e. Les gâteaux arabes. ☒

6. Quel métier exerce la mère de Sofiane ?

a. Professeur de français. ☐
b. Femme de ménage. ☒
c. Médecin. ☐

7. Depuis combien de temps Sofiane a-t-il une copine ?

a. Deux mois.
b. Quatre ans.
c. Deux ans.

☐
☐
☒

2 Retrouvez les trois mots familiers qui veulent dire « policier ». Aidez-vous du texte. *les keufs*

3 Répondez aux questions.

1. Où se trouve la cité marseillaise où habite la famille Baccolini ?

2. Pourquoi Sofiane n'a-t-il pas eu le temps de fréquenter les autres jeunes de la cité ? *il a un job*

3. Pourquoi le frère de Marina est-il en prison ? *Il a pris et a vendu de la drogue*

4. Pourquoi Éric se dépêche-t-il de rentrer chez lui après l'université ? *parce qu'il a son anniversaire. Il a sept 18.*

Chapitre 2

4-5

1 Écoutez le texte et répondez aux questions. Justifiez vos réponses.

1. Qu'est-ce qu'on fête ? *Le 18i anniversaire*

2. Pourquoi le père d'Éric ne parle pas de son travail de policier à la maison ? *Il veut être a calme*

λ 3. Est-ce que le cadeau de la mère d'Éric plaît à Éric ? Pourquoi ?

4. Pourquoi Éric est-il déçu par le cadeau de son père ?

x 5. Quels sont les arguments du père d'Éric à propos de son cadeau ? *Le job est sûr*

2 Trouvez l'intrus.

1. professionnel - recruter - un métier - l'école - un emploi

2. un policier - un vêtement - une robe - un t-shirt - un jeans

3. préoccupé - joie - triste - déçu - malheureux

4. l'université - la police - une arme - un flic - un tir

x 3. *Il n'y a quelque nouveau.*
x 4. *parcequ'il ne veut pas être un policien*

3 Vrai ou faux ? Cochez la bonne case et corrigez les phrases fausses.

	vrai	faux
1. La mère d'Éric porte un jeans et des baskets.	☐	☐
2. Éric trouve que la coupe de cheveux de sa mère lui va bien.	☒	☐
3. La mère d'Éric a fait du poulet.	☒	☐
4. Pour son anniversaire, la mère d'Éric a préparé un gâteau à la pomme.	☒	☐
5. Éric reconnaît les pas de son père dans l'escalier.	☒	☐
6. Le père d'Éric lui a offert une place de concert.	☐	☒

4 Et vous ? Quel cadeau auriez-vous fait à Éric ? Pourquoi ?
Quel cadeau aimeriez-vous qu'on vous fasse pour vos dix-huit ans ?

5 Classez les mots suivants dans le tableau.

	☺	☹
inquiet		X
honte		X
content	X	
déçu		
déprimé		X
heureux	X	
en colère		X
ennuyeux		X
sourire	X	
super	X	
amoureux	X	
malade		X
magnifique	X	
malheureux		X

Chapitres 3 à 5

1 Complétez le texte par les prépositions qui conviennent. Aidez-vous de l'histoire.

1. Quand il est _____ Vallon des Auffes, Sofiane réussit _____ rêver et

_____ se projeter _____ l'avenir. 2. Marina descend les escaliers

et Sofiane la prend _____ ses bras. 3. Elle était impatiente _____ le

voir. 4. Il met sa main _____ la sienne et la conduit _____ port.

5. Depuis quelques jours, il est déçu. Après deux ans de relation, la

mère _____ Marina refuse toujours _____ le rencontrer. 6. Il en a as-

sez _____ cette situation. 7. Il comprend que Marina se fasse du souci

_____ ses frères mais il a besoin _____ elle et _____ la voir plus sou-

vent. 8. Elle lui répond qu'elle doit s'occuper _____ ses frères et que

ce n'est pas facile _____ trouver du temps. 9. Sofiane dit que ce serait

mieux s'il pouvait aller _____ elle de temps en temps. 10. Avec son tra-

vail au supermarché, elle pourrait habiter _____ lui et continuer ses

études. 11. Marina lui répond que son frère Ludovic est _____ prison

_____ un dealer. 12. Sofiane lui dit qu'elle pense beaucoup trop

_____ ce dealer et qu' _____ lui elle ne vit plus.

2 Complétez les mots croisés.

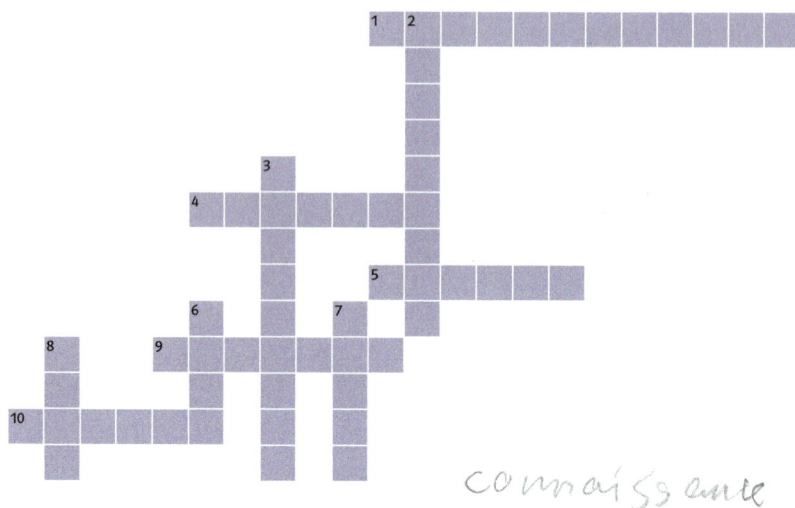

connaissante

1. La mère de Marina ne veut pas faire la ..... de Sofiane.
2. Marina pense beaucoup trop à ce dealer. C'est une .....
3. Éric, Sofiane et Marina habitent dans une cité des ..... nord.
4. Marina a des cheveux .....
5. Marina est la ..... de Sofiane.
6. Sofiane ..... sa voiture sur l'avenue de la Corniche du Président Kennedy.
7. Ludovic est en prison parce qu'il a ..... de la drogue.
8. Le Vallon des Auffes est un petit ..... bistro
9. Sofiane aimerait ..... avec elle.
10. Marina voudrait que la police ..... le dealer.

3 Répondez aux questions suivantes.

1. Pourquoi Sofiane voudrait voir Marina plus souvent ?

2. Pourquoi Marina ne veut-elle pas encore vivre avec Sofiane ?

4 Sur une feuille séparée, faites le plan du parcours d'Éric décrit au début du chapitre 4. Sur votre plan, écrivez le nom des lieux suivants :

Université

Canebière

Vieux-Port

Marché de Noailles

Cafés

Port

Mer

Quai de Rive Neuve

Cours Honoré d'Estienne D'Orves

Place Thiars

5 Qu'est-ce qui s'est passé ?

Écoutez le texte jusque : « Je te raconterai en route. »
À votre avis, que s'est-il passé ? Pourquoi Sofiane est-il inquiet ?

6 Vous et vos copains, vous faites quoi après les cours ?

7 Lisez le chapitre 5 et classez les actions suivantes dans l'ordre de l'histoire. Si le classement est juste, vous devriez trouver un mot qui explique ce qui s'est passé. Connaissez-vous ce mot ?

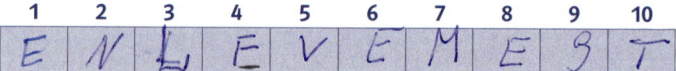

1	2	3	4	5	6	7	8	9	10
E	N	L	E	V	E	M	E	9	T

È
Marina est allée à l'université mais elle n'est pas rentrée à la maison le soir.

E
Éric et Sofiane boivent un verre au Cours Julien.

E
Sofiane voit pleurer la mère de Marina.

T
Éric dit à son père que Sofiane a besoin de lui.

N
Marina décide de parler de Sofiane à sa mère.

M
Sofiane suit le conseil d'Éric et va voir la mère de Marina.

V
Sofiane essaie d'appeler Marina sur son portable mais elle ne répond pas.

E
Sofiane et Marina ont rendez-vous au Vallon des Auffes mais Marina ne vient pas.

L
La mère de Marina décide de rencontrer Sofiane.

N
Sofiane appelle Éric pour demander à son père de l'aider.

Chapitres 6 et 7

1 Cochez la bonne case.

1. L'inspecteur Baccolini s'appelle

a. Gérard. ☐
b. Christian. ☒
c. Antoine. ☐

2. L'inspecteur Baccolini pense que Sofiane

a. ne devrait pas être l'ami de son fils. ☐
b. est dangereux pour les autres jeunes de la cité. ☐
c. est un garçon gentil qui n'a jamais eu de problèmes avec la police. ☒

3. La femme de l'inspecteur

a. prépare le café à son mari comme tous les matins. ☐
b. reste au lit pendant que son mari lui prépare le café. ☒
c. se lève en même temps que son mari. ☒

4. Sofiane

a. est heureux que l'inspecteur soit venu chez lui. ☒
b. est surpris de voir l'inspecteur car il ne l'attendait pas. ☐
c. n'ouvre pas quand l'inspecteur sonne. ☐

5. Depuis quand Marina a-t-elle disparu ?

a. Depuis quatre jours. ☐
b. Depuis deux jours. ☐
c. Depuis trois jours. ☒

6. La mère de Marina

a. ne veut toujours pas faire la connaissance de Sofiane. ☐
b. accepte enfin de rencontrer Sofiane. ☒
c. veut que sa fille finisse d'abord ses études avant d'accepter Sofiane chez elle. ☐

7. Après avoir vu la chambre de Marina, l'inspecteur

a. montre les dessins à la mère de Marina car elle a du talent. ☐
b. emporte les dessins avec lui. ☐
c. ne dit pas à la mère de Marina ce qu'il a découvert dans la
chambre de la jeune fille pour ne pas qu'elle se fasse du souci. ☒

2 Répondez aux questions.

1. Pourquoi le dealer n'est-il pas allé en prison quand Ludovic a été arrêté ?

2. D'après vous, que veut dire Marina quand elle répond : « Il faut que
quelqu'un fasse quelque chose pour arrêter ça. Laisse-moi un peu de
temps et tout rentrera dans l'ordre. » ?

3. Pourquoi l'inspecteur pense que Marina est une fille courageuse mais
inconsciente ?

4. Que pensez-vous de la mère de Marina et de son refus de rencontrer
Sofiane ?

5. D'après vous, pourquoi Marina n'a-t-elle pas appelé Sofiane pour lui
annoncer la bonne nouvelle ?

6. Pourquoi l'inspecteur dit-il à la mère de Marina que son fils a bien
réagi quand il a été arrêté ? *parceque Iludovic est en*
msguet

7. Que découvre l'inspecteur dans la chambre de Marina. Et pourquoi
cette découverte peut-elle faire avancer l'enquête ?

Il est possible de trouver la place
ou le dealer se trouve

Chapitres 8 et 9

1 Répondez aux questions.

Verdrevit,
Zeit

1. Pourquoi l'inspecteur Baccolini regrette-t-il d'avoir offert un stage de
tir à Éric ? *parce que le fils de sen collègo est*

2. Que découvre l'inspecteur la seconde fois qu'il va chez Marina ?

1)
à l'hôpital . Il était en cure
Il a été touchée dans une
fusillade

2) Il decouvre que Marina
à vue le dealer
cocher aukreuzeu

2 D'après vous, où peut être le dealer ? Si vous étiez l'inspecteur, où cher-
cheriez-vous ? Cochez les cases. Citez la phrase du texte qui vous a aidé.

a. La cité des Mûriers ☐

b. Le Cours Julien ☐

c. La cité des Cerisiers ☐

d. La Canebière ☐

e. Notre-Dame de la Garde ☒

f. Le Cours Honoré d'Estiennes D'Orves ☐

g. Le Quai de Rive Neuve ☐

h. Le Panier ☐

3 Anagramme

Classez les lettres dans le bon ordre.

1. L'inspecteur Baccolini avance dans son _Enquête_ QNÊTEEU. ✓

2. Mais il n'a pas encore _trouvé_ UTOVÉR le dealer. ✓

3. Il se fait du _souci_ COSUI pour Marina et il
espère RPÈSEE qu'elle est encore en vie.

4. Il pense que les _dessins_ ISDSNSE de Marina pourront
peut-être l'aider.

5. Éric _demande_ NMDEEAD à son père de chercher Marina.

6. La police ne peut pas encore lancer un avis de recherche car Marina
est _majeure_ JEMAURE.

Chapitres 10 et 11

24-25 **1** Écoutez le texte jusque « Je t'avais dit de rester tranquille ! » et imaginez ce qui pourrait se passer.

2 Vous êtes dans la peau de l'inspecteur et vous devez compléter ce tableau pour le [1]juge d'instruction. Aidez-vous des informations que vous avez apprises sur le dealer jusqu'à maintenant.

Nom	....
Prénom	....
Âge	....
Adresse	....
Lieux d'activité	....
Physique	....
Caractère	....
[2]Infractions	....

1 **un juge** Ermittlungsrichter – 2 **une infraction** Gesetzesbruch

3 Qu'est-ce qui va ensemble ?

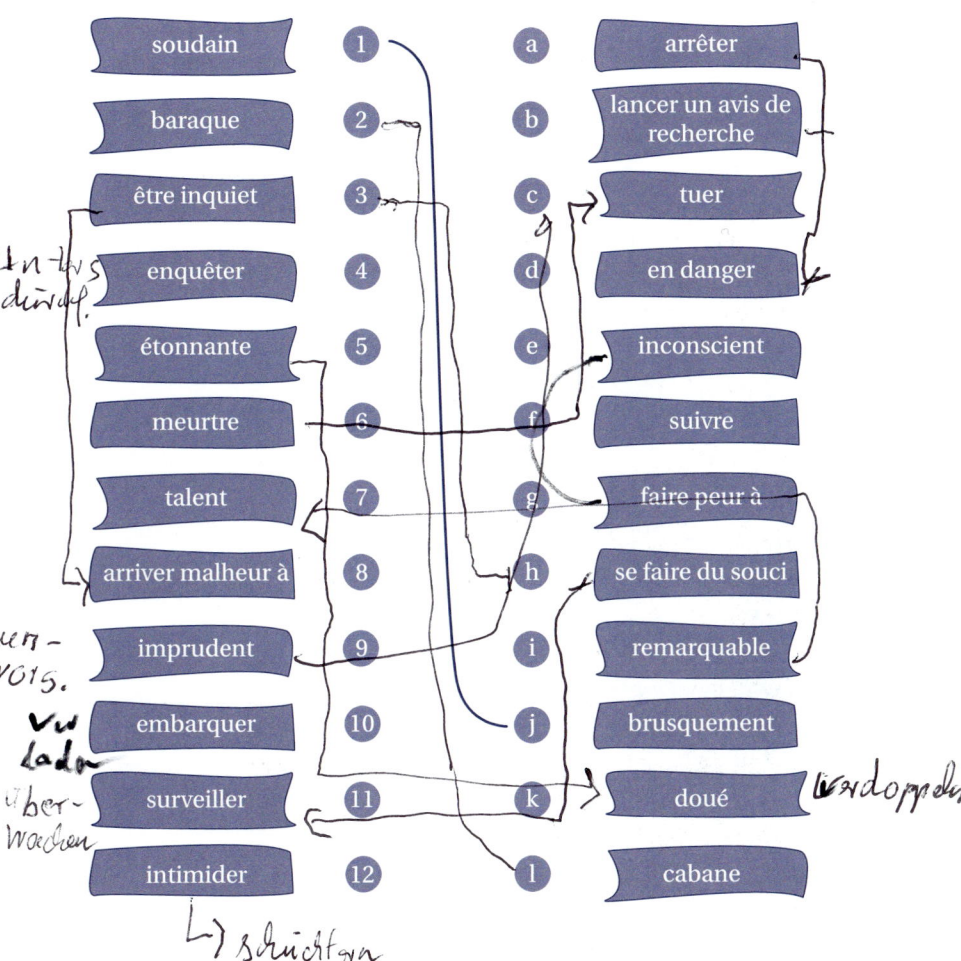

soudain	1	a arrêter
baraque	2	b lancer un avis de recherche
être inquiet	3	c tuer
enquêter	4	d en danger
étonnante	5	e inconscient
meurtre	6	f suivre
talent	7	g faire peur à
arriver malheur à	8	h se faire du souci
imprudent	9	i remarquable
embarquer	10	j brusquement
surveiller	11	k doué
intimider	12	l cabane

4

1. Maintenant que vous connaissez bien les personnages de l'histoire, classez les mots suivants dans le tableau. Certains mots peuvent être utilisés plusieurs fois.

2. Choisissez ensuite un personnage et écrivez son portrait (physique et moral). Aidez-vous du tableau.

le courage | un risque | les études | du papier Canson | une enquête

la biologie | des dessins | de la drogue | un cours | sensible | surveiller

suivre | étudier | se promener | prudent | l'inconscience | une obsession

arrêter | un commissariat | l'université | la peinture | interroger | crayons

les arts plastiques | une bouillabaisse | un amphithéâtre | une brigade

Éric Baccolini	....
Christian Baccolini	....
Marina	....

5 C'est la fête !

Recette de la Région

Navettes de Provence

Ingrédients :

5 500 g de farine,
200 g de sucre en poudre,
75 g de beurre,
3 œufs,
1 citron,
10 du sel

Préparation: 20 min
Repos de la pâte : 2 heures
Cuisson : 15 min

Faites un tas avec la farine sur la table, creusez un puits et mettez-y le su-
15 cre, 50 g de beurre, 2 œufs, un peu de citron râpé, un peu de sel et un petit
verre d'eau. Mélangez doucement avec les doigts et faites une boule de
pâte.
Coupez la boule en 5 morceaux et roulez chaque morceau sur la table avec
un peu de farine. Coupez chaque morceau en 5 ou 6 morceaux réguliers.
20 Donnez-leur une forme ovale, comme des barques.
Mettez les navettes sur une plaque beurrée. Avec un couteau, coupez lé-
gèrement chaque navette au milieu, dans le sens de la longueur. Laissez
reposer 2 heures.
Recouvrez les navettes avec du jaune d'œuf et mettez-les au four. Laissez
25 cuire 15 à 20 minutes.

À table !

4 **un ingrédient** Zutat – 14 **faire un tas** ein Häufchen machen – 14 **un puits** *ici :* Loch – 15 **râpé, râpée**
gerieben – 17 **une pâte** *ici :* Teig – 18 **un morceau** Stück – 21 **beurré, beurrée** → beurre – 22 **une**
longueur → long – 24 **un four** Ofen – 25 **cuire** backen

5. Et vous, qu'aimeriez-vous manger à Marseille ? Dans quel quartier et
pourquoi ?

Le gérondif

In der Lektüre kommt noch eine weitere Verbform vor, die im Unterricht vielleicht noch nicht behandelt worden ist. Sie existiert auch nicht im Deutschen: sie heißt das *gérondif.*

1 Bildung des *gérondif*

Das *gérondif* wird aus der 1. Person Plural Präsens gebildet. Davon wird die Endung -*ons* durch -*ant* ersetzt. Die Präposition *en* wird davor gesetzt.

SERRER	SORTIR	DESCENDRE
nous serr-ons	nous sort-ons	nous descend-ons
en serr**ant**	**en** sort**ant**	**en** descend**ant**

Achtung! Diese drei Ausnahmen sollten auf jeden Fall gelernt werden : ÊTRE (en étant), AVOIR (en ayant) und SAVOIR (en sachant)

Das *gérondif* ist unveränderlich.

2 Gebrauch des *gérondif*

1. p. 11, l. 1 … *en ouvrant* la porte… (= *als* Éric die Tür öffnete …)
2. p. 13, l. 24 … *en faisant* un clin d'œil … (= und zwinkert (ihm) zu)
3. p. 12, l. 24 … répond Éric *en souriant* (= antwortet Éric *lächlend*)

Das *gérondif* kann Temporalsätze, Modalsätze oder Konditionalsätze verkürzen.

Achtung! Verwende das *gérondif* nur dann, wenn **in Haupt- und Nebensatz das gleiche Subjekt** steht bzw. gemeint ist.

Liste des abréviations

≠	antonyme de
→	mot de la même famille
Abk	Abkürzung
arg	argotique
f	féminin
fam	familier
fpl	féminin pluriel
m	masculin
mpl	masculin pluriel

Crédits photographiques

Cover: Corbis (Aldo Pavan/Grand Tour), Düsseldorf; S. 8: Klett-Archiv (Nicolas Sconza), Stuttgart; S. 10: Picture-Alliance (max-ppp), Frankfurt; S. 13: Fotolia LLC (Daniel Schweinert); S. 14: Corbis (Alison Wright), Düsseldorf; S. 18: Picture-Alliance (max-ppp), Frankfurt; S. 19: Arco Images GmbH (Hicker, R.), Lünen; S. 21: Imago Stock & People, Berlin; S. 22: Klett-Archiv (Nicolas Sconza), Stuttgart; S. 26: Getty Images, München; S. 27: Klett-Archiv (Nicolas Sconza), Stuttgart; S. 31: Picture-Alliance (maxppp), Frankfurt; S. 32: Corbis (David Helman), Düsseldorf; S. 37: laif (MOIRENC Camille/hemis.fr), Köln; S. 43: Picture-Alliance, Frankfurt; S. 44: Klett-Archiv (Nicolas Sconza), Stuttgart; S. 59: StockFood GmbH, München;

Nicht in allen Fällen war es uns möglich, den Rechteinhaber der Abbildungen ausfindig zu machen. Berechtigte Ansprüche werden selbstverständlich im Rahmen der üblichen Vereinbarungen abgegolten.

Der komplette Hörtext ist kostenlos online verfügbar.

Klett Online-Link
84x328

Abspielbar...

- online
- auf MP3-Player
- von Audio-CD*

Neben der Audio-Datei finden Sie dort auch die komplette Trackliste mit den Verweisen auf die Kapitel, die Seiten im Buch sowie die Abspieldauer der einzelnen Tracks.

* Die MP-3-Dateien dürfen für den persönlichen Gebrauch konvertiert und auf Audio-CD gebrannt werden.